Nociones

de

Armonización

de Canto Llano,

para uso en

Seminarios, Colegios

y Parroquias

por

Achille Lourdault

Profesor del seminario menor de

"Bonne — Espérance" (Bélgica).

Título : Nociones de Armonización de Canto Llano, para uso en Seminarios, Colegios y Parroquias.

Título original : Notions d'harmonisation de plain-chant à l'usage des Séminaires, des Collèges et des Paroisses.

Autor : © 1892 Achille Lourdault

Traducción al castellano y revisión : © 2024 Rodrigo Vicente Manzanal Ruiz

ISBN : 978-84-09-65367-6

Depósito legal : DL BU 328-2024

Mapa de contenidos.

Advertencia

Todos los ejercicios de la primera parte deben practicarse en el piano o en el armonio, en todos los tonos mayores y menores, y en todas las posiciones. No se estudiarán solo en la posición cerrada, tal como están escritos, sino también en posición abierta (dos notas en cada mano). Solo hay que tomar la nota que está en el medio en la posición cerrada y llevarla por encima de la nota del bajo en la mano izquierda.

Ejemplo :

Los ejemplos de la segunda parte han sido tomados de la edición auténtica del canto sagrado para la iglesia católica, recomendada por el Sumo Pontífice.

Fiesta de San Gregorio, 1892

Primera Parte.
Armonía.

Capítulo primero
Nociones Preliminares.

1. Una sucesión de sonidos que progresa por tonos y semitonos naturales se llama escala <u>diatónica</u>.

Veamos un ejemplo :

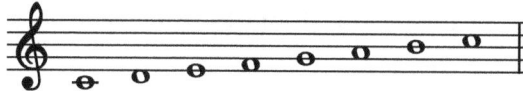

2. Cada una de las siete notas de una escala se llama grado.

La <u>1ª nota</u> (1er grado)	se llama	<u>tónica</u>,
La 2ª nota (2º grado)	”	supertónica,
La 3ª nota (3er grado)	”	mediante,
La 4ª nota (4º grado)	”	subdominante,
La <u>5ª nota</u> (5º grado)	”	<u>dominante</u>,
La 6ª nota (6º grado)	”	superdominante,
La <u>7ª nota</u> (7º grado)	”	<u>sensible</u>,

La <u>8ª nota</u> (1er grado repetido a la 8ª superior) se llama <u>octava</u>.

3. La distancia de un grado al siguiente no siempre es la misma. Puede ser de un tono o de un semitono.

El tono puede dividirse en dos semitonos.

De <u>do</u> a <u>re</u>, hay un tono; entre estas dos notas, existe un sonido intermedio que se obtiene de dos maneras posibles :

a) Elevando el sonido grave un semitono, quedando el semitono de do a do ♯.

b) Bajando el sonido agudo en un semitono, dando el semitono de do a re ♭.

En los instrumentos no temperados, estos dos semitonos no son iguales. Uno es más grande que el otro: el más pequeño se llama diatónico; el más grande se llama cromático[1].

4. El semitono diatónico se encuentra entre dos notas de nombre diferente, separadas por un semitono.

Ejemplo : do – re ♭.

5. El semitono cromático se encuentra entre dos notas del mismo nombre, pero una de ellas está afectada por una alteración.

Ejemplo : do - do ♯.

6. La enarmonía es la relación existente entre dos notas de nombre diferente, pero que se tocan en la misma tecla o producen el mismo sonido :

do ♯ y re ♭.

7. Llamamos intervalo a la distancia de una nota a otra. Se cuentan los intervalos desde la nota grave hasta la aguda, y se nombran: segunda = do re; tercera = do mi; cuarta = do fa; quinta = do sol; sexta = do la; séptima = do si; octava = do do.

Estos intervalos doblados a la octava se llaman intervalos compuestos: novena, décima, etc.

---

1 Un tono se divide en 9 comas. Un semitono diatónico = $\dfrac{4}{9}$; un semitono cromático = $\dfrac{5}{9}$. Por medio del temperamento, se han hecho iguales los dos semitonos; así, cada uno de ellos = $4\dfrac{1}{2}$ comas.

Cualquier alteración cromática aplicada a las notas de un intervalo modifica su naturaleza; sin embargo, el nombre permanece.

Así, al elevar la nota re del intervalo de segunda do-re, esta segunda sigue siendo una segunda, pero ha sufrido una modificación; de ahí las diferentes especies de intervalos con el mismo nombre.

Para distinguir estas diferentes especies de intervalos, se usan estos calificativos : mayor, justa, menor, aumentada y disminuida.

En una escala mayor[2], se designarán

a) Mayores : la segunda, la tercera, la sexta y la séptima contadas a partir de la tónica.

b) La cuarta, la quinta y la octava son justas.

c) Con un intervalo mayor se forma un intervalo menor, al bajar la nota superior o al subir la nota inferior un semitono cromático.

d) Al elevar la nota superior un semitono cromático, o al bajar en la misma cantidad la nota inferior de los intervalos justos y mayores, se obtiene un intervalo aumentado.

e) Mediante un intervalo justo o menor, al elevar la nota inferior o al bajar la nota superior un semitono cromático, se obtiene un intervalo disminuido.

Ejemplos :

Tabla de los intervalos más frecuentes[3].

Invertir un intervalo consiste en invertir la posición respectiva de los sonidos que lo constituyen. Ejemplo: do re invertido da re do.

Mnemónico: la cifra del intervalo y la de su inversión, sumadas, deben dar un total de 9.

Intervalo	2ª	3ª	4ª	5ª	6ª	7ª
Inversión	7ª	6ª	5ª	4ª	3ª	2ª
Total	9	9	9	9	9	9

Utilizando una inversión, los intervalos

disminuidos	se convierten en	aumentados,
aumentados	” ” ”	disminuidos,
menores	” ” ”	mayores,
mayores	” ” ”	menores,
justos	se quedan	justos (4ªs, 5ªs y 8ªs).

---

3   Se usarán preferentemente las denominaciones entre paréntesis.

Los intervalos se dividen en consonantes y disonantes.

	Perfectos	5ª justa. 8ª justa.
Intervalos consonantes	Imperfectos	6ª y 3ª mayores. 6ª y 3ª menores.
	Mixtos	4ª justa.
	Atractivos	4ª mayor. 5ª menor.

Todos los demás intervalos son disonantes.

Los modos.

El modo surge de la disposición de los tonos y semitonos en la escala diatónica. Existen dos tipos de modos : el modo mayor y el modo menor.

En la escala del modo mayor, los semitonos se colocan entre los grados 3º y 4º y entre el 7º y 1er grado..

Ejemplo :

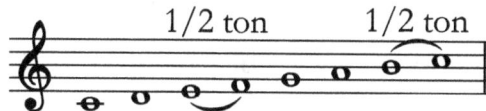

En la escala del modo menor, se coloca el primer semitono entre el 2º y el 3er grado.

Existen diferentes tipos de escalas menores:

1º. La escala menor melódica   2º. La escala menor armónica

3º. La escala menor antigua

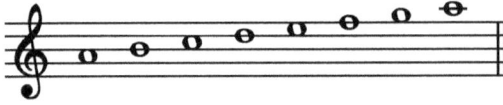

N.B. En este libro se hablará por defecto de la escala menor melódica.

La escala menor está formada por los mismos sonidos que la escala mayor, y por esta razón se la llama escala relativa. Tiene la misma armadura de clave[4], pero comienza una tercera menor más abajo que la escala mayor de la que proviene. Ejemplo: do mayor, la menor.

Observaciones:

1º. La nota sensible está separada en un semitono diatónico del 1er grado o tónica, hacia la cual siempre debe ascender.

2º. El salto de 2ª aumentada está siempre prohibido.

En virtud de estas dos observaciones, se deben elevar los grados 6º y 7º en la escala menor ascendente.

Tomemos como ejemplo la escala de la menor ascendente :

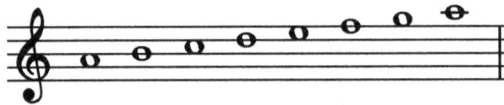

Esta escala no tiene nota sensible; para darle una, elevamos el sol un semitono cromático y obtenemos :

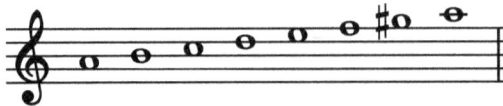

---

4   Se llama armadura de clave a los sostenidos y a los bemoles, colocados en un orden de sucesión determinado, al inicio de cada pentagrama. Véase a continuación dicho orden :
para los sostenidos : fa, do, sol, re, la mi, si ;
para los bemoles : si, mi, la, re, sol, do, fa.

Al cambiar el sol por sol ♯, se crea un intervalo de segunda aumentada, el cual se corrige al cambiar fa por fa ♯ :

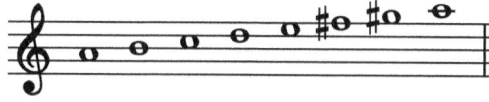

En la escala menor descendente, los grados 6° y 7° ya no están alterados.

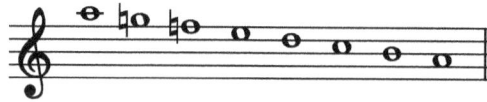

Para formar una escala menor ascendente, relativa a una escala mayor, se debe :

1°. Tomar como tónica la nota situada una tercera menor por debajo de la tónica mayor,

2°. Elevar un semitono cromático los grados 6° y 7°.

Manera de reconocer el tono de una obra.

A. Tonos mayores.

1°. Cuando no hay ni sostenidos ni bemoles en la armadura, estamos en do mayor.

2°. Cuando el pentagrama tiene sostenidos, el último sostenido afecta a la nota sensible; entonces, solo se debe subir un semitono diatónico para encontrar la tónica.

Ejemplo :

La mayor

3°. Cuando hay un bemol en la armadura, estamos en fa mayor.

4°. Cuando la armadura tiene más de un bemol, el nombre del penúltimo bemol es también el de la tónica.

Ejemplo :

 La ♭ mayor

B. Tonos menores.

Como se ha mencionado anteriormente, la tónica de un modo menor se encuentra una tercera menor por debajo de la tónica del modo mayor.

Para reconocer el modo de una obra, se busca la quinta del tono mayor en los primeros compases. Si ésta es justa, se está en modo mayor; si es aumentada, se está en modo menor. A veces, también se utiliza la nota del bajo que finaliza la obra. Esta nota es casi siempre la tónica.

Manera de encontrar la armadura de la clave de un tono solicitado.

A. Tonos mayores.

1º. En do mayor, no hay ni sostenidos ni bemoles.

2º. En fa mayor, hay un bemol.

3º. Para los tonos a los que añadimos la palabra "bemol", podemos encontrar el último bemol de la armadura sumando a la tónica el siguiente bemol, escribiendo todos los bemoles anteriores a éste que figuran en el orden de sucesión.

Ejemplo :

Cuál es la armadura de mi ♭ mayor ?

Agreguemos el bemol siguiente, según el orden de sucesión, a mi ♭, es decir la ♭. Y puesto que la bemol es el tercero del orden de sucesión, en el tono de mi ♭ mayor tenemos tres bemoles : si, mi y la.

4º. Para todos los demás tonos, descenderemos medio grado desde la tónica, donde el último sostenido de la armadura ocupa ese grado. Completaremos el resto de sostenidos usando el orden de sucesión.

Ejemplo : Cuál es la armadura de si mayor ?

Medio grado por debajo de si tenemos la ♯. La sostenido es el quinto sostenido en el orden de sucesión ; por lo tanto en si mayor tenemos cinco sostenidos : fa, do, sol, re y la.

B. Tonos menores.

Procedemos a encontrar el tono mayor relativo al tono menor que buscamos, subiendo una tercera menor, luego se usa la misma técnica que se usa con los tonos mayores para encontrar la armadura.

Ejemplo : Cuál es la armadura de fa ♯ menor ?

La nota a una tercera menor por encima de fa ♯ es la. En la mayor tenemos tres sostenidos ; por consiguiente el tono de fa ♯ menor tiene tres sostenidos : fa, do y sol.

Capítulo segundo.
Acordes.

1. La armonía es la concordancia de diversos sonidos utilizados simultáneamente. El conjunto de estos sonidos se llama acorde.

2. Las diferentes formas en las que se presenta un acorde se llaman posiciones.

3. Se entiende por parte o voz, cada una de las notas que constituyen el acorde.

Los acordes son consonantes o disonantes.

A. Acordes consonantes.

I. El acorde perfecto.

El acorde perfecto es la combinación de tres sonidos : una tónica, la tercera mayor o menor (según el acorde sea mayor o menor), y la quinta justa.

Normalmente, este acorde de tres sonidos se dispone en cuatro voces ; para ello, se duplica el sonido fundamental (la tónica). Ejemplo :

Acorde perfecto

de do mayor

➤ note doblada
➤ quinta
➤ tercera
➤ tónica

Todo acorde perfecto puede presentarse en tres posiciones :

1ª posición : con la tónica como nota superior.
2ª posición : ” ” tercera ” ” ” .
3ª posición : ” ” quinta ” ” ” .

1ª pos^{ón}   2ª pos^{ón}   3ª pos^{ón}

Manera de cifrar.

El acorde perfecto se indica con los números 3, 5, 8. La ausencia de un número sobre una nota fundamental indica que se debe tomar el acorde perfecto de dicha nota.

Una alteración colocada sobre una nota fundamental afecta a la tercera superior de esta. La que precede a un número afecta a la nota representada por dicho número. Las posiciones se indican mediante dos cifras superpuestas, como se muestra en el ejemplo de arriba. El número 3 a veces es reemplazado por una alteración : ♮8 .
                                                                    8♭

Encadenamiento de los acordes entre sí.

Observaciones para facilitar la comprensión de la teoría.

1° Una nota común es aquella que aparece en dos acordes diferentes.

2° Se dice que hay :

    a) Movimiento directo : cuando todas las voces se mueven en la misma dirección ;

    b) Movimiento contrario, cuando una voz sube y otra baja ;

    c) Movimiento oblicuo, cuando una voz se mantiene fija mientras que la otra se mueve.

3° Grados conjuntos = son aquellos que se siguen inmediatamente : do, re, mi, fa, etc.

4° Grados disjuntos = aquellos que no se siguen inmediatamente : do, la, fa, re, etc.

5° Las octavas y quintas ocultas son aquellas que se forman cuando el 2° intervalo, en un movimiento directo, crea una octava o una quinta entre las voces.

Ejemplo

6° El ejemplo siguiente muestra bien en qué consisten las octavas y las quintas paralelas :

7° El tritono (intervalo de cuarta aumentada) se forma al combinar dos terceras mayores consecutivas, que avanzan por tonos enteros.

8° No se abusará del acorde perfecto del tercer grado.

9° Los acordes en general reciben su nombre de los intervalos que los componen.

Regla de encadenamiento. -Cuando en los acordes a encadenar se encuentra una nota común, esta debe mantenerse en la misma voz. De manera similar varias notas comunes han de permanecer en las mismas voces. En cualquier otro caso, las voces pueden moverse libremente, siempre que :

a) no se produzcan quintas u octavas paralelas, ni saltos de segunda aumentada. Las quintas descendientes formadas : Por el 1er y el 5º, o por el 7º y el 4º grado: están permitidas.

b) la nota sensible ascienda siempre hacia la tónica.

De esto se deduce que :

1º Los acordes se encadenan mediante una o dos notas comunes cuando el bajo se mueve por grados disjuntos, con la excepción del movimiento del 2º al 5º grado, donde es preferible el movimiento contrario para evitar octavas ocultas.

Aplicación.
A. Una nota común.

Modo mayor   Modo menor

a) del 4º grado al 1º (cadencia de iglesia o cadencia plagal).

b) del 5º grado al 1º (cadencia perfecta).

B. Dos notas comunes.

a) del 1er grado al 6°.

b) del 6° grado al 4°.

c) del 4° grado al 2°.

d) del 2° grado al 7°. (Ver nota al pie nro. 5)

Excepción : del 2° grado al 5°.

2° Los acordes se encadenan por movimiento contrario, cuando el bajo se desarrolla por grados conjuntos. Sin embargo, observemos

_____

5   Vea la observación de la página 18.

que, en el encadenamiento del 5º grado al 6º, la nota sensible debe subir a la tónica.

Aplicación.

Movimiento contrario.

Modo mayor	Modo menor

a) del 4º grado al 5º.

b) del 1er grado al 2º.

c) del 7º grado al 1º.(**)

Excepción : del 5º grado al 6º (cadencia evitada).

Observación. El acorde de quinta menor, cifrado como 5', se coloca sobre el 7º grado de una escala mayor, y el 2º y 7º grados de una escala menor. Colocado en el 7º grado, se diferencia de los otros acordes

---

** Véase la observación sobre el acorde de quinta al pie de esta página.

* Para evitar las quintas ocultas entre la voz de tenor y la de soprano.

en que no se puede duplicar la nota fundamental : de otra manera tendríamos dos notas sensibles, que, al tener que subir a la tónica, producirían dos octavas en las mismas voces. Para armonizarlo a cuatro voces duplicaremos la tercera.

Ejercicio de recapitulación.

a realizar igualmente en otras posiciones.

Bajo a armonizar.

II. El acorde de sexta.

El acorde de sexta es la primera inversión del acorde perfecto; en el bajo tiene la tercera de este último. En el acorde de sexta, se dobla la nota del bajo :

a) cuando es nota común,

b) cuando viene por movimiento conjunto.

En los otros casos, es preferible duplicar la sexta (fundamental del acorde primitivo), a menos que el movimiento natural de las partes requiera la duplicación de la tercera (quinta del acorde primitivo). La nota sensible nunca puede ser doblada.

El acorde de sexta puede presentarse en estas posiciones :

1ª Bajo do-
blado

2ª Bajo sin
doblar

Para encontrar la nota fundamental del acorde perfecto que dio origen a un acorde de sexta, se toma la tercera inferior al bajo. Para encontrar la nota fundamental del acorde de sexta que proviene de un acorde perfecto, se toma la tercera superior al bajo.

Ejemplo :

1º Al ser el bajo mi, el acorde primitivo ha de ser el de do (una tercera por debajo).

2º Al ser el bajo do, el acorde de sexta que origina este acorde perfecto se situará sobre mi (tercera por encima).

Manera de cifrar.

El número 6 representa un acorde de sexta ; $\frac{6}{3}$ indica la posición con la sexta en la parte superior ; $\frac{3}{6}$ nos dice que la tercera está en la parte elevada.

Regla de encadenamiento: Para enlazar los acordes de sexta, no se requieren otras reglas que las que se han dado anteriormente.

Bajo a armonizar.

III. El acorde de cuarta y sexta.

El acorde de cuarta y sexta, que generalmente se utiliza en las cadencias y finales, es la segunda inversión del acorde perfecto, del cual tiene la quinta como nota de bajo :

Ejemplo :

B. Acordes disonantes.

I. El acorde de séptima de la dominante.

Este acorde, que es el mismo en ambos modos, se coloca sobre el quinto grado. Está compuesto por una nota de bajo, una tercera mayor, una quinta justa y una séptima menor. Se cifra $\frac{7}{+}$.

La conexión de este acorde con el acorde perfecto del primer grado se llama cadencia perfecta. Para realizar esta conexión, se elimina una nota del acorde de séptima de la dominante : la quinta (2º grado de la escala), y se dobla otra : la nota fundamental (quinta de la tónica). Ejemplo :

Se hará de la misma forma en las otras posiciones.

A partir de este ejemplo, se pueden establecer las siguientes reglas en relación al movimiento de las voces :

1º El bajo tiene un movimiento obligado hacia la tónica : (sol – do) ;

2º La séptima debe descender un tono o un semitono, según el modo (fa – mi) ;

3° La tercera (nota sensible) asciende (si – do) ;

4° La octava (nota del bajo duplicada) es nota común (sol – sol).

También se puede tener una cadencia final utilizando este mismo acorde, omitiendo la tercera y duplicando la nota del bajo ; en este caso :

1° El bajo asciende a la tónica (sol – do) ;

2° La séptima desciende (fa – mi) ;

3° La quinta desciende (re – do) ;

4° La octava es nota común (sol – sol).

Ejemplo :

Se hará de la misma forma en
las otras posiciones.

La conexión del acorde de séptima de la dominante con el acorde per-fecto del sexto grado se llama cadencia rota ; esta conexión se realiza de la siguiente manera :

II. Inversiones del acorde de
séptima de la dominante con sus resoluciones.

a) El acorde de quinta menor y sexta.

Se hará de la misma forma en
las otras posiciones.

b) El acorde de sexta sensible.

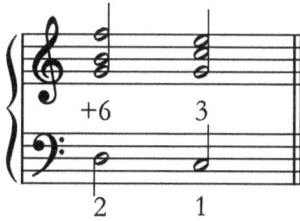

Se hará de la misma forma en
las otras posiciones.

c) El acorde de tritono.

Se hará de la misma forma en
las otras posiciones.

C. Modificaciones en los acordes.

1. Un retardo es una nota a) atacada en un primer acorde donde es
consonante, b) prolongada en un segundo donde es disonante o tiene
ese carácter, y finalmente, c) resuelta en un tercero donde es una nota
integrante y vuelve a ser consonante. Según esta definición, se puede
ver que se requieren tres condiciones para el retardo :

a) La preparación,

b) La prolongación,

c) La resolución.

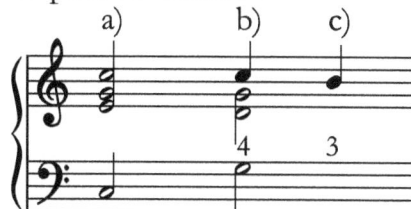

Observaciones. —

1º La séptima de la dominante, gracias a su carácter disonante, puede servir como nota de preparación.

2º Es preferible no doblar la nota que se prolonga.

A continuación se muestran los retardos más utilizados en la armonía del canto llano :

a) El retardo de la tercera

b) ”   ”   del bajo

en los acordes perfectos ;

c) ”   ”   de la sexta

d) ”   ”   del bajo

en los acordes de sexta.

2. Una anticipación se produce con una nota que se escucha antes de que ocurra el acorde al que pertenece, adelantándose a él. Es lo contrario del retardo. Ejemplo :

3. Intercambiar una nota significa asignar a una voz la nota que se ha tomado de otra, y viceversa. Ejemplo :

4. Un nota de paso es una nota que se encuentra entre dos notas de dos acordes diferentes, y que es adyacente a ambas.

5. a) Una apoyatura es una nota apoyada sobre el propio acorde pero que se encuentra antes de una nota del acorde. Es ajena a ese acorde, y puede ser superior o inferior a la nota del acorde, teniendo el carácter de un retardo sin preparación.

b) Cuando, en lugar de resolver sobre la nota del acorde, a la apoyatura inferior la sigue la apoyatura superior, o cuando a la superior la sigue la inferior, se produce una doble apoyatura.

Ejemplos :

a) 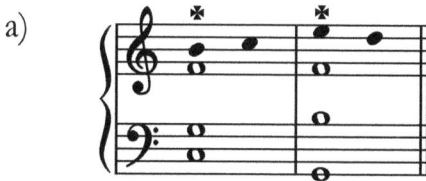   b)

Segunda Parte.
Armonización.

Capítulo primero.
Los tonos eclesiásticos o
Modos del Canto Llano.

A. Origen.

Los modos del canto llano (o canto gregoriano) difieren esencial-mente de la tonalidad moderna. En la tonalidad moderna, los tonos y semitonos siempre se presentan en el mismo orden, mientras que en el canto llano, su disposición varía según la nota fundamental.

San Ambrosio I (†397) hizo uso de los tonos eclesiásticos; tomó prestadas del sistema griego cuatro series de sonidos que comenzaban respectivamente en una de las notas re, mi, fa, sol. Estos son nuestros modos actuales 1°, 3°, 5° y 7°. Están compuestos por una quinta y una cuarta, y se los denomina modos auténticos.

Veamos sus escalas :

$$1^{er} \text{ tono} = \text{re mi } \frac{1}{2} \text{ fa sol la si } \frac{1}{2} \text{ do re.}$$

$$3^{er} \text{ tono} = \text{mi } \frac{1}{2} \text{ fa sol la si } \frac{1}{2} \text{ do re mi.}$$

$$5^{o} \text{ tono} = \text{fa sol la si } \frac{1}{2} \text{ do re mi } \frac{1}{2} \text{ fa.}$$

$$7^{o} \text{ tono} = \text{sol la si } \frac{1}{2} \text{ do re mi } \frac{1}{2} \text{ fa sol.}$$

San Gregorio (†604) tuvo la idea de trasladar a la parte grave la cuarta que se encuentra en la parte aguda en los modos ambrosianos, formando así cuatro modos adicionales : nuestros 2°, 4°, 6° y 8° tonos, llamados modos plagales.

Después del siglo XII, se añadieron a las cuatro series ya conocidas tres nuevas series de sonidos, tomando como punto de partida cada una de las otras tres notas : la, si, do. Así se obtuvieron tres nuevos to-nos auténticos, el 9°, 11° y el 13er tono, y tres nuevos tonos plagales : el 10°, 12° y 14° tono.

Aquí están sus escalas :

$$9^{o} \text{ tono : la si } \frac{1}{2} \text{ do re mi } \frac{1}{2} \text{ fa sol la.}$$

$$11^{o} \text{ tono : si } \frac{1}{2} \text{ do re mi } \frac{1}{2} \text{ fa sol la si.}$$

$$13^{er} \text{ tono : do re mi } \frac{1}{2} \text{ fa sol la si } \frac{1}{2} \text{ do.}$$

Se rechazan generalmente los tonos 11° y 12° porque poseen

a) una quinta menor (si – fa) y una cuarta mayor (fa – si) ;

b) una cuarta mayor (fa – si) y una quinta menor (si – fa).

Es evidente que, en principio, el canto gregoriano nunca ha admiti-do los semitonos de la gama cromática ; en la composición regular de sus catorce modos, no hay ni sostenidos ni bemoles.

A continuación vemos las escalas de los catorce modos, con su nombre griego, sus finales y dominantes[6] :

<u>Modos auténticos</u>   <u>Modos plagales</u>

1º Dórico   re – la ;   2º Hipodórico[7]   re – fa .

3º Frigio   mi – do ;   4º Hipofrigio[7]   mi – la .

5º Lidio   fa – do ;   6º Hipolidio[7]   fa – la .

7º Mixolidio[7]   sol – re ;   8º Hipomixolidio[7]   sol – do .

9º Eólico   la – mi ;   10º Hipoeólico[7]   la – do .

11º Hipereólico[7] si – fa ;   12º Hiperfrigio[7]   si – re .

13º Jónico   do – sol ;   14º Hipojónico[7]   do – mi .

6 N.d.E.: La nota final se muestra a la izquierda de cada "–", y la dominante a la derecha.
7 Hiper = por encima, hipo = por debajo, mixo = mixto

Los tonos eclesiásticos pueden reducirse a ocho, transponiendo una quinta hacia abajo los modos 9º, 10º, 13º y 14º ; estos pueden ser considerados como los tonos 1º, 2º, 5º y 6º, con un si ♭ constante.

Siempre que el si esté en relación inmediata con el fa, se le aplica el bemol para evitar el tritono[8]. Este si ♭ accidental se encuentra más a menudo en los verdaderos tonos 1º, 2º, 5º y 6º ; menos a menudo en el 3º, 4º y 8º ; y nunca en el 7º.

B. Armonía del canto gregoriano.

« La armonización del canto gregoriano debe ser, de forma general, diatónica y consonante.

Esencialmente diferente de la armonía moderna, la armonía diatónica es aquella que solo reconoce los acordes consonantes y las modificaciones de estos acordes mediante el retraso de sus intervalos.

Por lo tanto, estos son los elementos de la armonía diatónica ; el unísono, la quinta y la octava ; la tercera, la sexta, la cuarta justa, la cuarta mayor y la quinta menor.

Toda melodía del verdadero canto gregoriano se basa en el modelo de la escala diatónica y, debido a ello, se considera de género diatónico. »[9]

La armonía que se debe emplear es, por lo tanto, la de la escala que recorre los sonidos según su sucesión natural :

do, re, mi, fa, sol, la, si.

---

8 El si ♭ accidental también se presenta en otros casos, aunque no entraremos a desarrollar este tema para no desviarnos del objetivo que nos hemos propuesto.

9 Abbé P. Denis. « Essais sur l'harmonisation du chant grégorien », Capítulo V ; Paris, Haton.

En las melodías con si ♭ constante, siempre se pueden utilizar los acordes que siguen :

Se utilizarán estos acordes de manera ocasional en las piezas con si ♭ accidental.

La dominante y la final unidas constituyen la fundamental armónica.

El	1er	tono con dominante		la	y final	re	unidas en	re	dan la
,,	2º		,,	fa	,,	re	,,	re	,,
,,	3er		,,	do	,,	mi	,,	do	,,
,,	4º		,,	la	,,	mi	,,	la	,,
,,	5º		,,	do	,,	fa	,,	fa	,,
,,	6º		,,	la	,,	fa	,,	fa	,,
,,	7º		,,	re	,,	sol	,,	sol	,,
,,	8º		,,	do	,,	sol	,,	do	,,

fundamental armónica.

Formas de terminar cada modo.

Modos 1º y 2º.

3er modo.

4º modo.

Modos 5º y 6º.

7º modo.

8º modo.

(*) A emplear en los modos 5º y 6º que lleven si ♭.

C. Manera de armonizar.

« La armonía es el adorno de la melodía, y es por ello que la primera no debe alterar en exceso la esencia propia de la segunda. Para ello, debe tomar prestada de la melodía, en la medida de lo posible, su gracia y su compostura. Es este el precio a pagar para evitar la descompostura, el desagrado, lo insoportable, obteniendo orden, y belleza en el orden. »[10]

Esta armonía, compuesta de acordes consonantes[11] y de sus modificaciones, será por lo tanto simple pero correcta, a veces en acordes en posición cerrada, a veces en posición abierta, según el flujo natural de las voces. No será siempre a cuatro voces ; para darle variedad, se utilizarán a veces cinco, tres, o incluso solo dos voces. Los acordes se enlazarán de una manera natural :

evitando

a) aquellos que no tienen tercera,

b) las relaciones de tritono,

c) los saltos demasiado grandes en las voces,

d) las quintas y octavas paralelas,

en resumen, todo lo que pueda importunar la belleza de la melodía.

Utilice la cadencia perfecta para concluir una frase, y la cadencia rota o evitada al final de una sección de la frase ; si es posible, anuncie la conclusión de la frase utilizando un retardo.

---

10 Abbé P. Denis. « Essais sur l'harmonisation du chant grégorien »; París, Haton.

11 Se empleará muy raramente, por no decir nunca, el acorde de cuarta y sexta.

Antes de hablar sobre la colocación de los acordes en el acompaña-
miento, es importante remarcar que el canto sacro no forma un todo
homogéneo ; se compone de piezas de diferentes géneros, que generalmente se clasifican en dos categorías :

1º Los cantos silábicos, que regularmente tienen una (a veces dos o
tres) notas por sílaba : las antífonas de los salmos, versículos, prefa-
cios, muchos himnos, los cantos más simples de la misa, etc.

2º Los cantos neumáticos o adornados, que tienen varias notas por
sílaba : los kiries, introitos, graduales, etc.[12]

Pasemos ahora a la teoría sobre la colocación de los acordes :

a) Para los cantos silábicos, se pueden consultar las reglas a continuación, referentes a los cantos neumáticos. Haciendo una abstrac-
ción de la división en grupos, estas reglas se aplicarán a los cantos silábicos, a menos que estos últimos tengan un movimiento lento. En ese
caso, se coloca simplemente un acorde por sílaba.

b) Para los cantos neumáticos, tras dividir en grupos de dos o tres
(más raramente de cuatro o cinco)[13], las notas que forman una sílaba
melódica, se coloca un acorde en todas las sílabas acentuadas y en
cada grupo de notas. Las notas no acentuadas, o que no forman parte
de un grupo, son generalmente notas de paso, anticipaciones o apoya-
turas, y en ocasiones notas de acorde, no requiriendo un acorde nue-
vo. En otros casos, se les puede asignar un acorde secundario que jun-
to con los acordes principales, forme un conjunto coherente y agrada-
ble al oído.

Es importante variar los acordes de manera que cada uno sea diferente de su vecino.

---

12 La teoría y la forma de ejecución del canto gregoriano se suponen conocidas.
13 Los grupos de cuatro o cinco notas son generalmente una combinación de
   dos grupos de dos, o de un grupo de dos con un grupo de tres. El grupo de
   tres notas, a su vez, se encuentra frecuentemente formado por un grupo de
   dos notas y una nota liquescente o un portamento.

Observaremos también aquí, que las notas que preceden a la primera sílaba acentuada de una frase o de una parte de una frase, pueden
tocarse al unísono.

Ejemplo : Feria IV cinerum. Alia Antiphona.[14]

También se pueden tocar al unísono las notas que preceden al
acento lógico, incluso aquellas que afectan a una sílaba acentuada.

Ejemplo : Gloria Patri (ad Introitum), Tonus III.[15]

---

14 N.d.E. : Se puede encontrar este canto en notación gregoriana en el "Graduale
de tempore et de sanctis. 1884 Romae • Haberl/Pustet", pág. 65.

15 N.d.E. : "Graduale de tempore et de sanctis. 1884 Romae • Haberl/Pustet",
pág. 3*.

Ahora que conocemos la colocación de los acordes, nos queda por ver cuál es el adecuado para cada sílaba acentuada o para cada grupo de notas. Aquí, el canto debe servir de guía.

Se probarán todos los acordes que casan con la nota de la sílaba acentuada o con las de un grupo. Luego, se elegirá el acorde que produzca el mejor efecto.

Sería difícil establecer reglas fijas para hacer esta elección : es la práctica la que creará el hábito. No obstante, aquí hay algunas observaciones que pueden servir de guía al colocar un acorde sobre un grupo de notas.

a) Grupo de dos notas.

Cualquiera que sea la distancia que las separe, estas dos notas siempre pueden formar parte integral de un mismo acorde.

Ejemplos :

Si están a más de una segunda de distancia, elija el acorde del que formen parte ambas.

Si pueden pertenecer a dos acordes diferentes, favorezca al que suene mejor.

En caso de estar solamente a una distancia de segunda, pueden recibir tres acordes :

1º Aquel al que ambas pueden pertenecer.

2º El acorde que acepta solo la primera nota ; considerándose la segunda como nota de paso, apoyatura o anticipación, según el caso.

3º El acorde que acepta solo la segunda nota ; siendo así la primera una apoyatura, retardo u otro tipo de nota de adorno.

b) Grupo de tres notas.

En un grupo de tres notas, siempre hay dos que pueden formar parte del mismo acorde.

En este caso, la que queda se considerará como nota de paso, apoyatura, anticipación o incluso como nota de acorde.

Ejemplos :

Cuando un acorde se ajusta a cada una de las tres notas, a menudo cambia de nombre según sirva de soporte a la primera, la segunda o la tercera nota.

Ejemplo :

sobre do el acorde es perfecto ;

       "   re   " se vuelve acorde de sexta ;

       "   la   " vuelve a ser perfecto.

Nota: Una nota aislada o la última de un grupo, debe recibir un acorde o ser una nota integral del mismo, si en el transcurso de la obra concluye una frase o un miembro de frase.

Ejemplo :

é - jus; sú - um; le - ó - nis._____

Veamos algunos modelos de armonización :

Modus 1
Veni sancte Spiritus.[16]   re – la.

1. Ve - ni san - cte Spí - ri-tus, et e-mít-te coé - li-tus.
2. Ve - ni pa - ter paú - pe-rum, ve-ni da-tor mú - ne-rum,

lu - cis tu - ae rá - di-um.
ve - ni lu-men cór - di-um. 3. Con-so - lá-tor ó - pti-me,

dul-cis ho - spes á - ni-mae, dul-ce re-fri - gé - ri-um.

4. In la - bó - re ré - qui-es, in ae - stu tem-pé - ri-es,

---

16 N.d.E. : "Graduale de tempore et de sanctis. 1884 Romae • Haberl/Pustet",
   pág. 260, Sequentia, Modus 1. re – la.

in fle-tu so-lá - ti-um. 5. O lux be-a-tís - si-ma,

re - ple cor-dis in - ti - ma tu-ó - rum fi-dé-li-um.

6. Si - ne tu-o nú - mi-ne, ni-hil est in hó - mi-ne,

ni-hil est in-nó - xi-um. 7. La - va quod est sór - di-dum,

8. Fle - cte quod est rí - gi-dum,

ri-ga quod est á - ri-dum, sa - na quod est saú - ci - um.

fo-ve quod est frí - gi-dum, re - ge quod est dé - vi - um.

9. Da tu - is fi-dé - li-bus, in te con-fi-dén - ti-bus,

10. Da vir-tú-tis mé - ri-tum, da sa-lú-tis éx - i-tum,

sa - crum se - pte - ná - ri - um.
da per - én - ne gaú - di - um.   A - men.

Al - le - lú - ja.

Modus 1
re – la.   Dominica III in quadragesima. Communio.[17]

Pas - ser in - vé - nit si - bi do - mum, et tur - tur ni - dum,

u - bi re - pó - nat pul - los su - os: al - tá - ri - a tu - a,

Dó - mi - ne vir - tú - tum, Rex me - us,

---

17 N.d.E. : "Graduale de tempore et de sanctis. 1884 Romae • Haberl/Pustet",
pág. 112, Modus 1. re – la.

et De - us me-us:___ be-á - ti qui há - bi-tant

in do - mo_ tu - a,___ in saé - cu-lum saé - cu-li

lau-dá - bunt__ te.

Modus 7
sol – re.

Dominica V post Pascha. Alleluia n° 2.[18]

Al-le - lú - - ja___

_____ ℣. Ex-í - vi a___

---

18 N.d.E. : "Graduale de tempore et de sanctis. 1884 Romae • Haberl/Pustet",
pág. 247, Modus 7. sol – re.

Pa - tre, et ve - ni in mun - dum:

í - te-rum re - lín - quo___ mun-dum, et va - do

ad___ Pa - - trem.

Alleluia
ut supra

Capítulo segundo.
Sobre la Transposición.

« No todas las melodías gregorianas pueden ser ejecutadas por un grupo de cantores de voces mixtas, ya que el tono resulta demasiado alto para algunos y demasiado bajo para otros. Por lo tanto, es necesario cambiar el tono de estas melodías, sin alterar, sin embargo, los intervalos de las notas. »[19]

Este cambio de tono se llama transposición. Para facilitar la ejecución, generalmente se reducen todas las obras a una misma dominante.

19 Abbé F. X. Haberl. « Magister choralis ». § 17. Lethielleux. París

Como resultado de esta reducción, se debe armar la clave con un cierto número de alteraciones, según el tono en el que se quiera transponer la pieza. El medio más seguro y fácil para encontrar esta armadura es medir, por quintas ascendentes o descendentes, la distancia entre la dominante natural y la dominante transpuesta[20].

Cada vez que se sube una quinta, se añade un sostenido a la clave, o, para ser más precisos, un accidente que eleva, ya que la primera quinta a la derecha solo destruye el si ♭ de los modos que lo reciben; y cada vez que se desciende una quinta, se añade un bemol a la clave[21].

Así, si se quisiera, por ejemplo, transponer una pieza del VII modo a la dominante si, se procedería como sigue :

El VII modo tiene como dominante re ; la distancia que separa re de si es de tres quintas ascendentes : re – la, la – mi, mi – si ; por lo tanto, hay que armar la clave con tres sostenidos.

Una final no transpuesta y una final transpuesta están separadas por el mismo número de quintas que una dominante natural y una dominante transpuesta.

La misma regla se aplica a la fundamental armónica, así como a la gama diatónica de la cual los modos toman su armonía (armonía del tono).

Hemos visto más arriba que la armonía a emplear para todos los modos es la de la gama natural : do, re, mi, fa, sol, la, si, (do mayor, para usar la expresión moderna), y que, en esta armonía, a veces se puede hacer uso del si ♭. En la transposición, también hay que tener en cuenta esta observación ; por eso, en las tablas a continuación, hemos puesto entre paréntesis lo que concierne a los modos más susceptibles de si ♭.

Veamos las tablas de los modos, transpuestos a las dominantes más utilizadas, con su final, fundamental armónica, armadura de la clave y armonía del tono.

---

20 Quintas ascendentes para los tonos a la derecha, hacia el orden de los ♯.
    ”   descendentes   ”   ”   ”   a la izquierda, ”   ”   ”   ”   ” ♭.
21 Revise el orden de sucesión de los sostenidos y los bemoles, página 10.

1º Dominante la.

Modo		Final	Fundamental	Armadura		Armonía
I	(♭)	re	re	0	♭	do
II	(♭)	fa ♯	fa ♯	4 ♯	(3 ♯)	mi
III		do ♯	la	3 ♯		la
IV		mi	la	0		do
V	(♭)	re	re	3 ♯	(2 ♯)	la
VI	(♭)	fa	fa	0	(♭)	do
VII		re	re	♯		sol
VIII		mi	la	3 ♯		la

2º Dominante sol.

Modo		Final	Fundamental	Armadura		Armonía
I	(♭)	do	do	2 ♭	(3 ♭)	si ♭
II	(♭)	mi	mi	2 ♯	(♯)	re
III		si	sol	♯		sol
IV		re	sol	2 ♭		si ♭
V	(♭)	do	do	♯	(0)	sol
VI	(♭)	mi ♭	mi ♭	2 ♭	(3 ♭)	si ♭
VII		do	do	♭		fa
VIII		re	sol	♯		sol

3º Dominante si ♭.

Modo	Final	Fundamental	Armadura	Armonía
I (♭)	mi ♭	mi ♭	5 ♭ (6 ♭)	re ♭
II (♭)	sol	sol	♭ (2 ♭)	fa
III	re	si ♭	2 ♭	si ♭
IV	fa	si ♭	5 ♭	re ♭
V (♭)	mi ♭	mi ♭	2 ♭ (3 ♭)	si ♭
VI (♭)	sol ♭	sol ♭	5 ♭ (6 ♭)	re ♭
VII	mi ♭	mi ♭	4 ♭	la ♭
VIII	fa	si ♭	2 ♭	si ♭

4º Dominante la ♭ o sol ♯ (*).

Modo	Dominante	Final	Fundamental	Armadura	Armonía
I (♭)	la ♭	re ♭	re ♭	7♭ (6♭ y 1♭♭)	do ♭
	sol ♯	do ♯	do ♯	5 ♯ (4 ♯)	si
II (♭)	la ♭	fa	fa	3 ♭ (4 ♭)	mi ♭
III	la ♭	do	la ♭	4 ♭	la ♭
IV	la ♭	mi ♭	la ♭	7 ♭	do ♭
	sol ♯	re ♯	sol ♯	5 ♯	si
V (♭)	la ♭	re ♭	re ♭	4 ♭ (5 ♭)	la ♭
VI (♭)	la ♭	fa ♭	fa ♭	7♭ (6♭ y 1♭♭)	do ♭
	sol ♯	mi	mi	5 ♯ . (4 ♯)	si
VII	la ♭	re ♭	re ♭	6 ♭	sol ♭
VIII	la ♭	mi ♭	la ♭	4 ♭	la ♭

(*) Cuando se obtiene un gran número de alteraciones, para facilitar la armonización, se puede recurrir a la enarmonía ; de esta manera, el primer modo de dominante la ♭ toma su armonía de la escala natural de do ♭ que posee siete bemoles. La nota enarmónica de do ♭ = si. Donde el tono de si tiene cinco sostenidos ; puesto que es más sencillo trabajar con cinco sostenidos que con siete bemoles, se tomará de preferencia el tono de si a aquel de do ♭.

Véase a continuación algunos modelos de transposición :

Feria III post Dominicam II quadragesimae.

Modus 3
do ♯ – la.   Introitus.[22]

22 N.d.E. : "Graduale de tempore et de sanctis. 1884 Romae • Haberl/Pustet", pág. 100, donde el canto se encuentra en Modus 8. mi – do.

a————————me. Ps. Dó - mi-nus il - lu-mi-ná - ti - o

me - a, et sa-lus me - a: quem—— ti - mé - bo?—

℣ Gloria Patri. Ton III.

Modus 7
re ♭ – la ♭ Ad aspersionem aquae benedictae. Antiphona.[23]

Ad - spér - ges— me, Dó - mi - ne,— hys-só - po,—

et——————— mun-dá - bor: la - vá - bis— me,

et——————— su - per ni - vem de - al - bá - bor.

23 N.d.E. : "Graduale de tempore et de sanctis. 1884 Romae • Haberl/Pustet",
tras la pág. [268], donde el canto se encuentra en Modus 7. sol – re.

Ps. Mi - se - ré - re me - i, De - us,— se - cún - dum

mag-nam mi - se - ri - cór - di - am— tu - am.

℣ Gloria Patri. Ton VII.

Missa in festis duplicibus.

Modus 1
do – sol

Ite missa est.[24]

I-te - e - e—————— mis-sa est.

Para transponer un fragmento sin escribirlo, se busca la clave que
da a la primera nota del fragmento no transpuesto el nombre de la
primera nota del fragmento transpuesto, y se asume la armadura del
tono al que se desea transportar.

---

24 N.d.E. : "Graduale de tempore et de sanctis. 1884 Romae • Haberl/Pustet",
pág. 16*, donde el canto se encuentra en Modus 1. re – la.

Ejemplo : In festis duplicibus.[25]

Modus 1.

Dom. <u>la</u>

I – te - - - - - - e - - - - e_____ missa est

Dom. <u>sol</u>

I – te - - - - - - e - - - - e_____ missa est

Dom. <u>sol</u> ♯

I – te - - - - - e - - - - e_____ missa est

Dom. <u>si</u> ♭

I – te - - - - - - e - - - - e_____ missa est

25 N.d.E. : "Graduale de tempore et de sanctis. 1884 Romae • Haberl/Pustet", pág. 16*, donde el canto se encuentra en Modus 1. re – la.

Apéndice.

El Preludio.

Un preludio es una pieza de música religiosa que debe servir para introducir un fragmento de canto llano.

Se compone de dos partes :

1ª parte : Aquella que comienza en la primera nota (que debe ser la primera del fragmento que se va a introducir) y se detiene en la dominante ;

2ª parte : Aquella que, desde la dominante, va hasta la nota final del fragmento de canto llano.

En la 1ª parte, se debe hacer escuchar el comienzo del fragmento de canto llano. En la 2ª parte, se regresará a la nota que sirve de final, siempre que se pueda usando movimiento conjunto, anunciando el final mediante un retardo.

Es necesario que haya proporción en las divisiones del preludio: las dos partes deben ser lo más parecidas posible en longitud, ritmo, estilo y movimiento.

El preludio debe estar íntimamente relacionado con el fragmento que se va a introducir; así, un preludio para una entrada será más solemne y más desarrollado que un preludio para una comunión.

Se muestra a continuación un preludio que podría servir de introducción a la entrada del 2º domingo tras la Epifanía[26]. Se ha trasportado a la dominante de si ♭.

---

26 N.d.E. : "Graduale de tempore et de sanctis. 1884 Romae • Haberl/Pustet", pág. 49, donde el canto se encuentra en Modus 4. mi – la.

Modelo de Preludio.

Índice alfabético.

53

Nota del editor.

D. Achille Lourdault (1867-1949)[i], organista, hizo sus estudios en el Instituto Lemmens, escuela de música religiosa bajo la dirección de D. Elgar Tinel, situada en Malines (Bélgica)[ii]. Obtuvo su diploma de tercer grado, con mención de honor, el 6 de agosto de 1888[iii].

Ocupó varios cargos : profesor en el Seminario Menor de "Bonne-Espérance"[iv] (Vellereille-les-Brayeux, Bélgica) ; organista en Marchienne-au-Pont[v] (Bélgica), maestro de capilla[vi] y organista[vii] de la iglesia de "Sainte-Gertrude" (Etterbeek, Bélgica) ; miembro de la Comisión Administrativa con las funciones de archivista/bibliotecario de la sociedad coral « La Lyre »[viii] (Douai, Francia)

Se conocen al menos dos publicaciones de su mano :

- « Notions d'harmonisation de plain-chant », Brouweres et fils, 1892[iv]. Reeditada en 1912 con una revisión del contenido[v].

- « Chants et saluts et hymnes des vêpres (d'après l'édition officielle) : en usage dans le diocèse de Tournai: avec accompagnement d'orgue »[ix], Breitkopf & Härtel, 1899.

El manuscrito del cual proviene el contenido de esta publicación fue encontrado en el mercadillo callejero de la "Place du Jeu de Balle", en Bruselas, el 31 de agosto de 2024. Parece ser de época y habría pertenecido, en un momento dado, a D. Gaston Fromont[x], presidente de la banda de música «Vooruit». Este manuscrito probablemente sea una copia de la edición impresa de 1892.

El manuscrito ha sido revisado con la edición de 1912 de Schott Frères[v] y también con la edición de 1892[iv], para corregir algunos errores. Dado que el objetivo era hacer el contenido original accesible al público, sólo se ha añadido esta nota editorial y algunas notas al pie ("N.d.E.").

Si tiene en sus manos la versión impresa de esta publicación, la imagen de la portada reproduce una fotografía de la capilla de la "escuela normal y de la sección de filosofía" del Seminario Menor de "Bonne-Espérance" en 1878, hoy ya desaparecida[xi].

Por último, y como seguramente ya ha estudiado las páginas anteriores, creo que no tendrá dificultad en reconocer de dónde proviene la obra ilustrada en la parte posterior de la cubierta.

En Bruselas, fiesta de la Virgen del Pilar, 2024, el editor,

Rodrigo Vicente Manzanal Ruiz

i   Diario "Indépendance : le quotidien de Charleroi. Organe du Front de l'Indépendance". 21 de octubre de 1949.

ii Diario "Journal de Bruxelles : Politique, littérature et commerce". 20 de agosto de 1886.

iii Diario "L'Emancipation". Viernes 10 de agosto de 1888.

iv "Notions d'harmonisation de plain-chant". Broweres et fils, Anvers, 1892. Biblioteca Municipal de Lyon, Francia. Catálogo. (Ejemplar firmado por Sina Cusner, organista de Enghien, Bélgica, desde 1899 hasta 1940).

v   "Traité d'harmonie et d'accompagnement du plainchant à l'usage des séminaires, des collèges et des paroisses". Schott Frères, 1912. Biblioteca privada de R.V. Manzanal Ruiz.

vi "Annales de la Fédération Archéologique & Historique de Belgique. XIIe Congrès - Malines" 1897. pág. 87.

vii "Annuaire des artistes et de l'enseignement dramatique et musical". 1903. pág. 1124.

viii Diario "La Vie douaisienne", Sábado 30 de marzo de 1912.

ix Catálogo de las librerías científicas de Gante (Bélgica).

x   D. Gaston Fromont (1881-1965), político belga. Su firma se encuentra al final del manuscrito.

xi Tanto la fotografía como los datos sobre la misma se han copiado de la Wikipedia, artículo sobre el Colegio de Nuestra Señora de la Buena Esperanza, Vellereille-les-Brayeux, Bélgica.

Para ponerse en contacto con el editor :
e-mail : rvmanza@gmail.com
Para comprar una versión impresa :
https://www.lulu.com/shop

www.ingramcontent.com/pod-product-compliance
Lightning Source LLC
Chambersburg PA
CBHW080938040426
42443CB00015B/3460